Dieses Buch gehört:

Christina Braun
Planeten

Christina Braun
Planeten

TESSLOFF

Hallo!

Ich heiße Edi und – ja! –
ich bin ein Außerirdischer!
Das glaubst du nicht? Na, dann komm
mal mit und düse mit mir durch das All!

Kennst du eigentlich den Unterschied zwischen
Sternen und Planeten? Und wusstest du,
dass die Sonne 6 000 Grad Celsius heiß ist?

Erfahre viele erstaunliche Dinge über
die Planeten, unser Sonnensystem
und das Weltall. Los geht's!

Inhalt

Das Weltall	6
Edis Lesequiz	19
Unser Sonnensystem	20
Edis Lesequiz	43
Die Weltraumforscher	44
Sag mal, Edi ...	58
Edis großes Lesequiz	60

Das Weltall

Unendliche Weite

Wenn du nachts in den Himmel blickst,
siehst du über 3000 leuchtende Punkte –
nur mit deinen Augen!
Das sind fast alles Sterne.

Am besten geht das,
wenn keine Wolke am Himmel ist.
Und wenn du weit genug entfernt
von einer Stadt bist.
Das Licht der Häuser, Laternen und Autos
stört nämlich deinen Ausblick.

Wo genau das Weltall anfängt
und wo es aufhört,
kann man nicht sagen.
Nur dass es riesengroß ist
und immer noch weiterwächst.

Von diesem Berg im Himalaya aus sieht man die Milchstraße. Das ist die Galaxie, in der wir leben.

Ganz schön kalt hier!

Im Weltall ist es wahnsinnig kalt. Forscher haben eine Temperatur von minus 273 Grad Celsius gemessen.
Außerdem ist es dort sehr dunkel.

Sterne und Galaxien

In diesem riesigen Raum gibt es mehr Sterne als Sandkörner an einem Strand. Mehrere Milliarden Sterne zusammen nennt man Galaxie.

Spiralgalaxie

Balkengalaxie

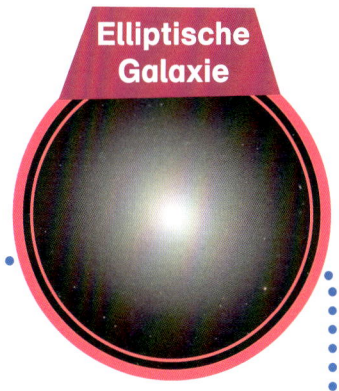
Elliptische Galaxie

Hast du gewusst ...

... dass man Galaxien nach ihrer Form unterscheidet?

- **Spiralgalaxien** sind flach wie eine Scheibe. Sie haben Arme, die von außen zur Mitte laufen.
- **Balkengalaxien** sehen in der Mitte aus wie ein langer Balken.
- **Elliptische Galaxien** sehen oval aus und haben keine besondere Form.

Am Anfang gab es nichts

Wie das Weltall entstanden ist,
kann uns niemand genau sagen.
Vor etwa 14 Milliarden Jahren
gab es nämlich nichts:
weder Zeit noch Raum.

Oh! Ganz schön alt, das Universum!

Wissenschaftler stellen sich
die Entstehung des Weltalls
wie eine gigantische Explosion vor.
Wir nennen diese auch den Urknall.
Es hat jedoch gar nicht geknallt.
Es war einfach still.

Die Entstehung des Weltalls

4 Die Planeten und unser Sonnensystem entstehen.

3 Erste Sterne und Galaxien entstehen.

2 Die ersten Atome bilden sich.

1 Urknall

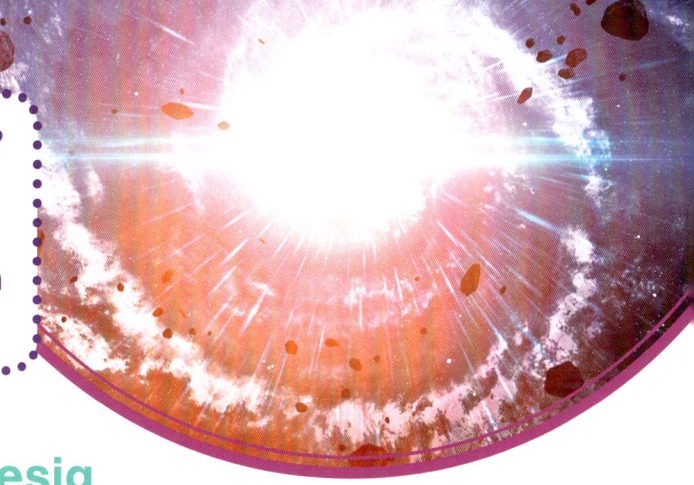

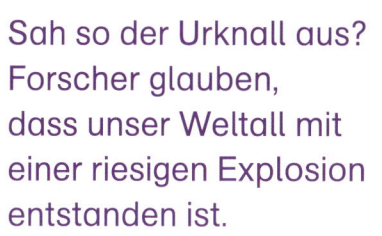

Sah so der Urknall aus? Forscher glauben, dass unser Weltall mit einer riesigen Explosion entstanden ist.

Von winzig bis riesig

Die Hitze und das Licht der Explosion haben sich mit riesiger Geschwindigkeit ausgebreitet.

Schon nach etwa zwei bis drei Minuten sind die ersten Atome entstanden.
Die Atome hängten sich aneinander und bildeten Gase.
Mit der Zeit wurden die Gase dichter und es entstanden Klumpen.
Manche von ihnen waren größer und schwerer als andere und begannen zu brennen.
Das sind die Sterne.

Das alles hat unheimlich lange gedauert, etwa 200 Millionen Jahre.

Das Weltall ordnet sich

Am Anfang gab es im Universum
ein ganz schönes Durcheinander.
Die neuen Sterne verbrannten
und explodierten.
Dabei blieben riesige Wolken
aus Staub, Steinen und Gasen zurück.

Sternennebel

In diesem Sternennebel werden immer noch neue Sterne geboren.

Daraus bildeten sich wieder neue Sterne.
So ist auch unsere Sonne entstanden –
vor 4,5 Milliarden Jahren.

Nach und nach kühlte das Weltall ab.
Und langsam begann sich alles zu ordnen.

Echt anziehend

Sterne sind riesengroß und sehr schwer.
Dadurch ziehen sie viele kleinere Steine,
Gase und andere Sterne an sich heran.
Man nennt das Schwerkraft.

Auch auf der Erde gilt die Schwerkraft.
Wenn dir zum Beispiel ein Buch
aus der Hand fällt,
fällt es immer auf den Boden.
Die schwere Erdkugel
zieht das leichtere Buch an.

So entstanden die ersten Sternensysteme,
die Galaxien.
Die Galaxie, in der wir leben,
wird Milchstraße genannt.
Unsere Sonne ist
einer von Milliarden
Sternen dort.

Milchstraße

Die Milchstraße wird so genannt,
weil es so aussieht, als hätte jemand
Milch am Himmel verschüttet.

Sterne sind ganz unterschiedlich

Alle Sterne sind heiße Kugeln aus Gas.
Sie sind die einzigen Himmelskörper,
die Licht und Wärme abgeben.
Daher können wir sie nachts sehen.

Irgendwann ist das Gas eines Sterns
verbraucht und er verglüht oder explodiert.
Auch bei unserer Sonne wird das passieren.
Bis dahin scheint sie aber noch
etwa fünf Milliarden Jahre.

Puh, da kommt man ganz schön ins Schwitzen.

Unsere Sonne ist ein Stern. Sie ist 6000 Grad Celsius heiß. Unvorstellbar, oder?

Was sind Planeten?

Planeten sind keine Sterne.
Ein Planet dreht sich immer
um einen Stern herum.
Dabei zieht der schwere Stern
den leichteren Planeten an.

Ein Planet bewegt und dreht sich
auf einer festen Umlaufbahn
um seinen Stern.
Er bleibt immer auf derselben Spur.
Ungefähr so wie ein Läufer
auf der Laufbahn im Sportstadion.

> Alle Planeten im Sonnensystem drehen sich um die Sonne.

Planeten leuchten nicht von selbst.
Sie werden von einem Stern angestrahlt
und können das Licht des Sterns nur
zurückwerfen. Das nennt man „reflektieren".

Hast du gewusst ...

... dass „Planet" so viel bedeutet wie
Umherschweifender oder auch Wanderer?
Das Wort kommt aus dem Griechischen.

Jede Menge fliegende Dinge

Neben Sternen und Planeten findet man im Weltall noch viele weitere Steine, Eisreste und Staub.
Manche kann man von der Erde aus beobachten.

Ein **Asteroid** ist ein großer Felsbrocken, der im All schwebt.
Er reflektiert wie ein Planet das Sonnenlicht.
Mit einem Fernrohr kannst du vielleicht einen Asteroiden entdecken.

Asteroid

Komet

Ein **Komet** besteht aus Staub und Eis.
Kommt er der Sonne zu nah, verdampft ein Teil von ihm.
Man kann dann einen Schweif aus Gas und Staub sehen.

Meteoroid

Solch einen Himmelskörper nennt man **Meteoroid**. Meteoroiden können so klein wie ein Staubkorn oder riesig wie ein Haus sein.

Gelangt ein Meteoroid in die Atmosphäre der Erde, leuchtet er auf und verglüht. Das ist dann ein **Meteor**, auch Sternschnuppe genannt.

Meteor

Meteorit

Gelangt doch etwas von einem Meteor auf die Erde, bezeichnet man das als **Meteorit**. Manchmal sind es nur winzig kleine Stücke, manchmal aber auch große Brocken. Vor allem in Wüsten kann man sie finden.

Kleine Stars am Himmel

Vielleicht hast du schon einmal etwas
vom Halleyschen Kometen gehört?
Er nähert sich etwa alle 76 Jahre der Sonne.
Dann schmilzt ein Teil seiner Oberfläche
und man kann einen leuchtenden
Kometenschweif sehen.
Das letzte Mal erschien er
am 9. Februar 1986.

Perseiden

Halleyscher Komet

Am Himmel ziehen
Sternschnuppen vorbei.

Zwischen Ende Juli und Mitte August
tauchen in jedem Jahr die Perseiden auf.
Das ist ein Meteorschauer,
der einmal im Jahr an der Erde vorbeizieht.
Daher kann man im August
ganz besonders viele Sternschnuppen
beobachten.

Edis Lesequiz

1 **Wie nennt man die Entstehung des Weltalls?**

a) Urzeit

b) Urknall

c) Urexplosion

2 **Können Planeten leuchten?**

a) Nein, sie werden von der Sonne angeleuchtet.

b) Ja, auf der Oberfläche brennen kleine Feuer.

3 **Wie heißt die Galaxie, in der wir leben?**

a) Milchshake

b) Milchstraße

c) Milchzahn

Lösung: 1b), 2a), 3b)

Unser Sonnensystem

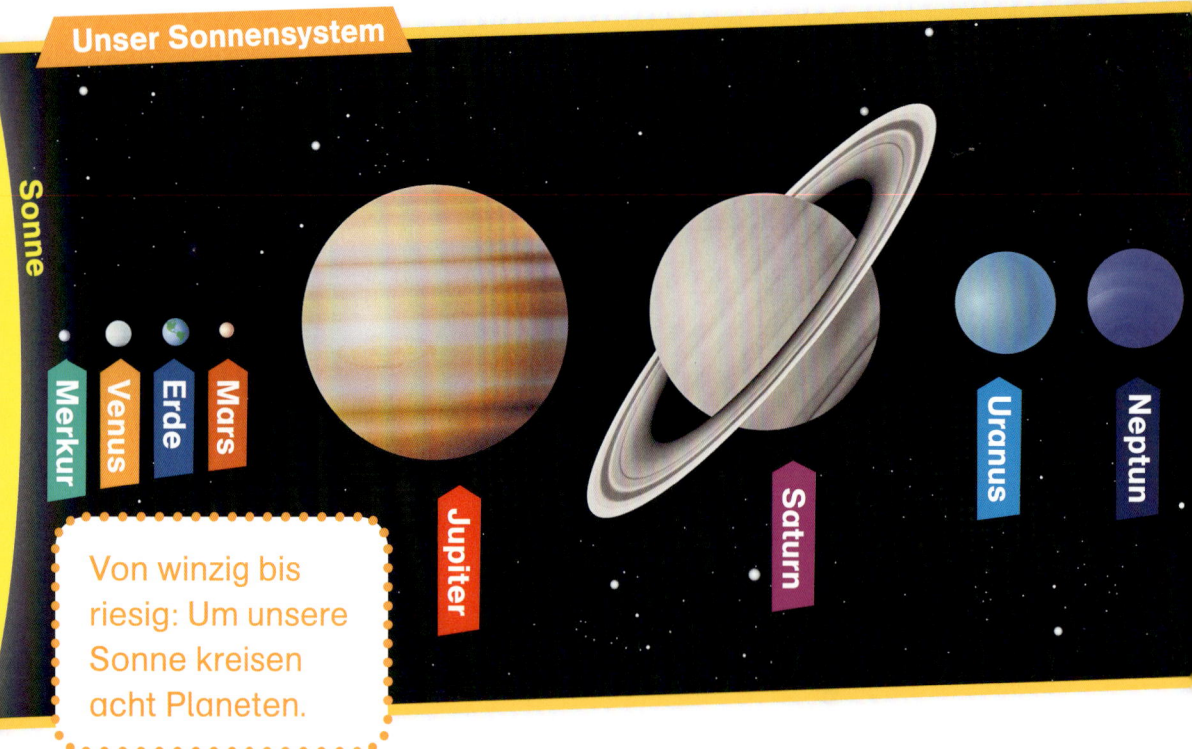

Von winzig bis riesig: Um unsere Sonne kreisen acht Planeten.

Eine Sonne und ihre Planeten

Unser Sonnensystem liegt
in einem Seitenarm der Milchstraße.
Es besteht aus der Sonne
und acht Planeten, die sich um sie drehen.
Einer dieser Planeten ist die Erde,
auf der wir leben.
Die anderen Planeten heißen
Merkur, Venus, Mars, Jupiter, Saturn,
Uranus und Neptun.
Jeder Planet hat seine Umlaufbahn,
auf der er die Sonne umkreist.
Die Sonne leuchtet alle Planeten an.

Alles schön geordnet

Die Sonne ist riesengroß und sehr schwer.
Stell sie dir so groß wie einen Hüpfball vor.
Dann ist die Erde im Vergleich
nur etwa so groß wie eine Erbse.

Es gibt in unserem Sonnensystem
zwei Arten von Planeten:
die Gesteinsplaneten und die Gasplaneten.
Die schwereren Gesteinsplaneten
werden von der Sonne stärker angezogen.
Daher sind Merkur, Venus, Erde und Mars
näher an der Sonne.
Die Gasplaneten Jupiter, Saturn,
Uranus und Neptun befinden sich
weiter von der Sonne weg.

Ich düse mal weiter!

Hast du gewusst ...

... wie du dir die Reihenfolge der Planeten im Sonnensystem merken kannst? Nämlich mit diesem Satz: „**M**ein **V**ater **e**rklärt **m**ir **j**eden **S**onntag **u**nseren **N**achthimmel." Jeder Anfangsbuchstabe steht für einen Planeten: Merkur, Venus, Erde und so weiter.

Auf dem Merkur gibt es sehr viele Krater. Deshalb sieht er so ähnlich aus wie unser Mond.

Der Merkur

Der Merkur ist der kleinste der acht Planeten.
Er liegt am nächsten an der Sonne.
Daher ist es dort tagsüber unerträglich heiß.
Bis auf 430 Grad Celsius erhitzen
die Sonnenstrahlen den Planeten.

Der Merkur sieht unserem Mond sehr ähnlich,
denn er ist übersät mit Kratern.
Kometen und Meteoriten konnten
auf dem Planeten einschlagen,
weil er keine Atmosphäre besitzt.

Die Atmosphäre ist eine dünne Gashülle,
die einen Planeten zum Beispiel
vor schädlichen Strahlen oder
fliegenden Gesteinsbrocken schützt.

Planet der Gegensätze

Tagsüber wird es auf dem Merkur sehr heiß.
Nachts sinken die Temperaturen hingegen
auf bis zu minus 180 Grad Celsius.
Der Merkur besitzt nämlich kein Wasser.
Daher kann die Wärme der Sonne
nicht gespeichert werden
und es wird nachts sehr kalt.

Obwohl Merkur sehr nah an der Sonne liegt,
ist der Himmel auch tagsüber schwarz.
Das liegt an der fehlenden Atmosphäre.
Das Gas darin würde das Licht streuen,
so wie bei uns auf der Erde.

Auf Merkur war ich mal kurz zu Besuch. Ganz schön dunkel ist es dort!

Die Krater auf dem Merkur stammen von Meteoriten und Kometen, die auf der Oberfläche eingeschlagen sind.

Die Venus

Die Venus ist ungefähr so aufgebaut
wie unsere Erde.
Daher nennt man sie manchmal auch
den Zwilling der Erde.

Auf ihrer Oberfläche sieht es aber
ganz anders aus als bei uns.
Über 50 000 Vulkane spucken
flüssiges Gestein und giftige Gase.
Die Atmosphäre ist daher sehr dicht.
Sie nimmt die Sonnenwärme auf,
gibt sie aber nicht wieder ab.

Die Oberfläche der Venus ist von Vulkanen übersät.

Der höchste Vulkan auf der Venus ist der Maat Mons. Er ist 8 000 Meter hoch.

Glühende Kugel

Auf der Venus wird es sehr heiß.
Tagsüber und nachts herrschen dort
etwa 460 Grad Celsius.
Kein Mensch könnte hier überleben.
Durch Sonden wissen wir
am meisten über die Venus.
Diese fliegen in einigem Abstand
um die Venus herum
und schicken uns Bilder und Karten.

Ein genaues Abbild der Venus
konnte durch die Daten
der Magellan-Sonde erstellt werden.

Die Erde wird auch der Blaue Planet genannt, weil es so viel Wasser gibt. Auch deshalb können hier wunderbare Landschaften entstehen.

Die Erde

Die Erde ist etwas ganz Besonderes.
Denn nur hier können Pflanzen, Tiere
und wir Menschen überleben.
Dafür gibt es drei wichtige Gründe:

1. Wir sind weit genug von der Sonne weg.
   So wärmen uns die Sonnenstrahlen,
   aber es ist nicht zu heiß.

2. Die Erdoberfläche besteht
   zu über 70 Prozent aus Wasser.

3. Unsere Atmosphäre schützt uns
   vor schädlicher Strahlung.
   Außerdem enthält sie genügend
   Sauerstoff, den wir zum Atmen brauchen.

So entstehen die Jahreszeiten

Unsere Erde dreht sich einmal am Tag
um ihre eigene Achse.
Dadurch entstehen Tag und Nacht.

Gleichzeitig dreht sie sich
auf ihrer Umlaufbahn um die Sonne.
Die Erde braucht für eine Runde ein Jahr.
Weil die Erdachse schräg zur Umlaufbahn steht,
wird entweder die Nordhalbkugel
oder die Südhalbkugel mehr beschienen.
Dadurch entstehen in manchen Teilen der Erde
die vier Jahreszeiten.

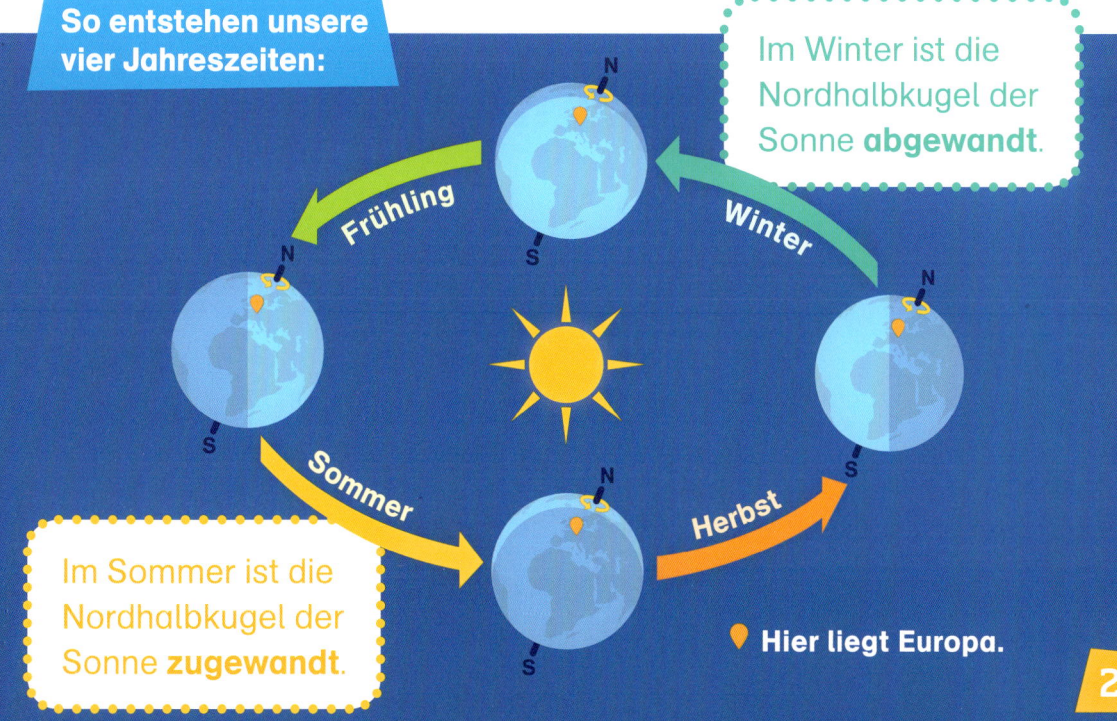

Mit einem Fernrohr kann man die Krater auf dem Mond gut erkennen.

Unser treuer Begleiter – der Mond

Der Mond selbst ist kein Planet.
Er dreht sich um die Erde
und ist ein Trabant, ein Begleiter.

Für eine Runde um die Erde
braucht der Mond einen Monat.
In dieser Zeit dreht er sich dabei
auch einmal um sich selbst.
Deshalb sehen wir seine Rückseite nie.

Auf seiner Reise wird der Mond
unterschiedlich stark
von der Sonne angeleuchtet.
Dadurch entstehen die Mondphasen,
wie zum Beispiel Vollmond oder Neumond.
Der Mond selbst verändert sich nicht.

Kraterlandschaften

Der Mond selbst hat keine Atmosphäre.
Daher können Meteoriten
dort ungehindert einschlagen.
Sie haben die Oberfläche des Mondes
zu Staub zerbröselt.

Ach, auf dem Mond könnte ich auch mal wieder landen.

Mondlandung

Am 21. Juli 1969 betrat zum ersten Mal ein Mensch den Mond. Es war der Amerikaner Neil Armstrong.

Fußabdruck

Der Mond ist der einzige Himmelskörper,
auf dem je ein Mensch gelandet ist.
Da es auf dem Mond
keine Atmosphäre und kein Wetter gibt,
findet man heute noch
den Stiefelabdruck der ersten Mondlandung.

Raumsonden senden uns Bilder vom Mars, dem Roten Planeten.

Der Mars

Der Mars wird auch Roter Planet genannt.
Das liegt an seiner Farbe.
Im Marsgestein kommt nämlich Rost vor
und der leuchtet rötlich.

Mars und Erde haben einiges gemeinsam:

- Ein Tag dauert etwas mehr als 24 Stunden.
- Die Achse des Planeten steht schräg, genau wie bei der Erde.
  Darum gibt es auch hier Jahreszeiten.
- Nord- und Südpol sind mit Eiskappen bedeckt.

Genau untersucht

Wissenschaftler wollen noch mehr
über den Mars erfahren.
Deshalb wurden Raumsonden
und auch Fahrzeuge dorthin geschickt.
Sie erstellen Karten von der Oberfläche
und sammeln Proben des Gesteins.
Daher wissen wir sehr viel über den Mars.

Menschen können noch nicht
zum Mars fliegen.
Der Flug würde viel zu lange dauern:
zwischen sieben und zehn Monate.

Marsrover Spirit

Sechs Jahre lang hat
Marsrover Spirit
die Marsoberfläche
untersucht.

Der Jupiter

Der Jupiter ist der erste Gasplanet
in unserem Sonnensystem.
Er ist gleichzeitig auch der größte
und schwerste aller Planeten.
Er ist sogar schwerer
als die anderen sieben Planeten zusammen.

Der Jupiter hat keine feste Oberfläche.
Nur der innere Kern des Planeten ist fest.
Siehst du die dunklen und hellen Streifen?
Das sind farbige Wolken,
die von starken Stürmen
um den Planeten herumgewirbelt werden.
Für eine Runde um die Sonne
benötigt der Jupiter fast zwölf Jahre.

Die Raumsonde Galileo hat den Jupiter und seine Monde erforscht.

Jupiters Monde

Unsere Erde wird von nur einem Mond begleitet. Jupiter dagegen hat 79 Monde, die sich um ihn drehen. Hier siehst du vier von ihnen.

Mond Io ist vom Schwefel seiner Vulkane ganz gelb.

Mond Europa ist mit Eis überzogen.

Mond Ganymed hat einen Kern aus Metall und Gestein.

Mond Kallisto besitzt eine dunkle Eisschicht.

> Die Ringe des Saturn sehen aus wie eine Scheibe. Von der Erde aus kann man sie mit einem größeren Teleskop beobachten.

Der Saturn

Der Saturn ist der auffälligste Gasplanet.
Seine Ringe sind von der Erde aus
gut mit einem Fernrohr zu sehen.
Forscher schätzen, dass es etwa
100 000 einzelne Ringe sind.
Sie bestehen aus Steinen,
Eisklumpen und Staub.

Alle Gasplaneten haben diese Ringe.
Beim Jupiter, Uranus und Neptun
sind sie aber erst
aus der Nähe zu sehen,
zum Beispiel mit einer Raumsonde.

Viele, viele Monde

Wir sehen am Nachthimmel unseren Mond, der die Erde umrundet.
Die Erde hat nur einen Mond.
Der Saturn hat viel mehr, nämlich 62 Stück.
Dabei ist einer davon etwas Besonderes:
Der Mond Phoebe dreht sich genau andersherum um den Planeten als die anderen Monde.

Der Saturn ist 9-mal größer als die Erde!

Hast du gewusst ...

... dass der Saturn auf Wasser schwimmen könnte?
Er ist zwar 95-mal schwerer als die Erde.
Aber da er so riesig groß ist, wäre er leichter als Wasser und könnte darauf treiben.

Uranus und Neptun – die zwei Blauen

Uranus und Neptun sind
die beiden äußersten Gasplaneten.
Beide leuchten blau am Nachthimmel.
Das kommt, weil die Gase in der Atmosphäre
nur den blauen Anteil des Lichts reflektieren,
das heißt „wiedergeben".
Der Neptun besitzt mehr von diesen Gasen.
Deshalb scheint er blauer als der Uranus.

Eisige Planeten

Auf Uranus und Neptun ist es sehr kalt.
Forscher schätzen,
dass es auf beiden Planeten
etwa minus 200 Grad Celsius kalt ist.
Darum bezeichnet man die beiden
auch als Eisplaneten.

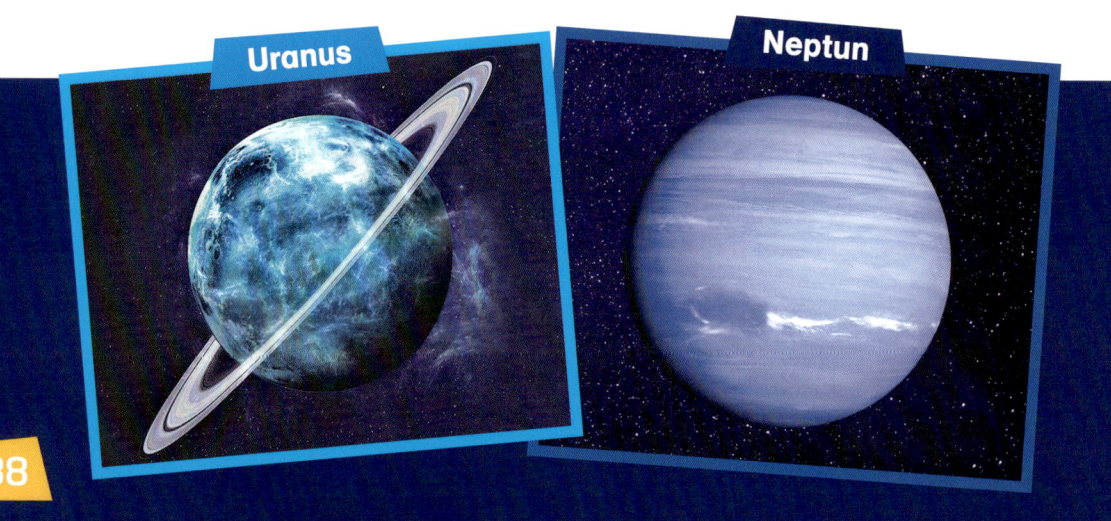

Uranus

Neptun

Wie eine riesige Murmel

In unserem Sonnensystem
ist der Uranus etwas Besonderes.
Denn seine Achse ist stark gekippt.
Deshalb sieht es so aus,
als ob der Uranus um die Sonne rollt
wie eine riesengroße Murmel.
Manche Wissenschaftler glauben,
dass er vor langer Zeit
mit anderen Planeten oder Asteroiden
zusammengestoßen ist.

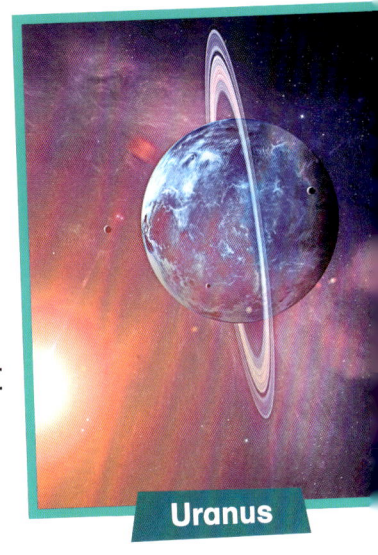

Uranus

Ganz schön stürmisch

Hoch oben in der Atmosphäre
sieht man beim Neptun Wolkenbänder.
Manchmal erkennt man auch Stürme.
Die ziehen mit einer Geschwindigkeit
von etwa 2 000 Kilometern pro Stunde
über die Oberfläche des Planeten.
Die Stürme auf der Erde
erreichen maximal
300 Kilometer pro Stunde.

Die Stürme im All können ganz schön heftig sein!

Das dauert mal wieder

Für einen Umlauf um die Sonne
braucht Uranus ganze 84 Jahre.
Durch die gekippte Achse haben sich
die Jahreszeiten verschoben.
Erst ist es dort 42 Jahre lang Sommer
und dann 42 Jahre lang Winter.

Neptun braucht für eine Umrundung
der Sonne noch länger.
Erst nach 165 Jahren hat der Planet
seinen Ausgangspunkt wieder erreicht.
Da der Neptun erst 1846 entdeckt wurde,
konnten die Wissenschaftler
bis jetzt nur einen einzigen
Umlauf beobachten.

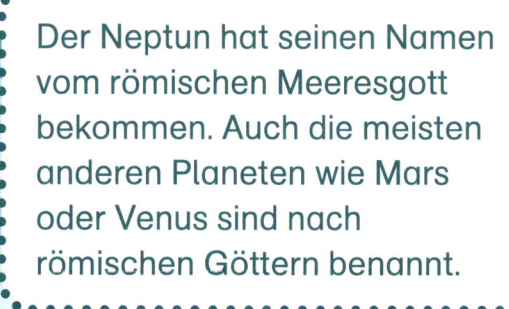

> Der Neptun hat seinen Namen vom römischen Meeresgott bekommen. Auch die meisten anderen Planeten wie Mars oder Venus sind nach römischen Göttern benannt.

Zwergplaneten

Bis zum Jahr 2006 zählte
noch ein neunter Planet
zu unserem Sonnensystem.
Hinter dem Neptun liegt Pluto.
Er war der kleinste Planet.

Nach und nach entdeckten Forscher
viele Himmelskörper, die Pluto ähnlich sind.
Außerdem hat Pluto keine eigene Umlaufbahn
wie die großen Planeten.
Er teilt sie sich mit vielen Kometen, Meteoroiden
und anderen Objekten.
Deshalb bezeichnet man Pluto
und andere Himmelskörper wie ihn
als Zwergplaneten.

Zwergplanet Pluto

Hast du gewusst ...

... dass es fünf Zwergplaneten gibt?
Sie heißen Pluto, Ceres, Eris, Makemake und
Haumea. Es gibt aber noch mehr Himmelskörper,
die auf die Liste der Zwergplaneten
aufgenommen werden könnten.

Ganz genau gemessen

Auch wenn sie alle riesig erscheinen:
Die Planeten in unserem Sonnensystem
sind unterschiedlich groß.
Hier siehst du sie
nach ihrer Größe geordnet.

Planet:	Durchmesser:	Temperatur:
Merkur	4 874 km	ca. – 170 bis 430 °C
Mars	6 794 km	ca. – 120 bis 24 °C
Venus	12 104 km	ca. + 460 °C
Erde	12 756 km	ca. – 60 bis 58 °C
Neptun	49 528 km	ca. – 200 °C
Uranus	51 118 km	ca. – 200 °C
Saturn	120 536 km	ca. – 140 °C
Jupiter	142 984 km	ca. – 100 °C

Die Planeten im Größenvergleich

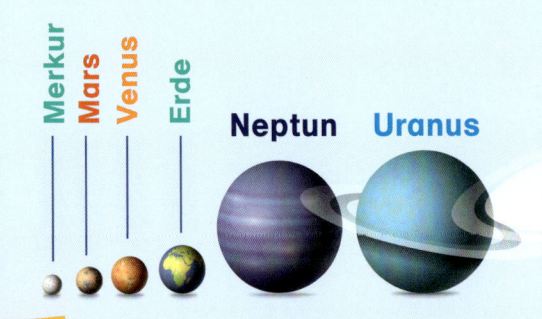

Merkur · Mars · Venus · Erde · Neptun · Uranus · Saturn · Jupiter

Hast du gut aufgepasst? Dann ran ans Lesequiz!

Edis Lesequiz

1 **Wie viele Planeten gibt es in unserem Sonnensystem?**

a) sieben

b) acht

c) neun

2 **Aus welchem Material sind unsere Planeten?**

a) Es gibt Gas- und Eisplaneten.

b) Es gibt Eis- und Steinplaneten.

c) Es gibt Gesteins- und Gasplaneten.

3 **Welcher Planet hat 79 Monde?**

a) Jupiter

b) Uranus

c) Venus

Lösung: 1b), 2c), 3a)

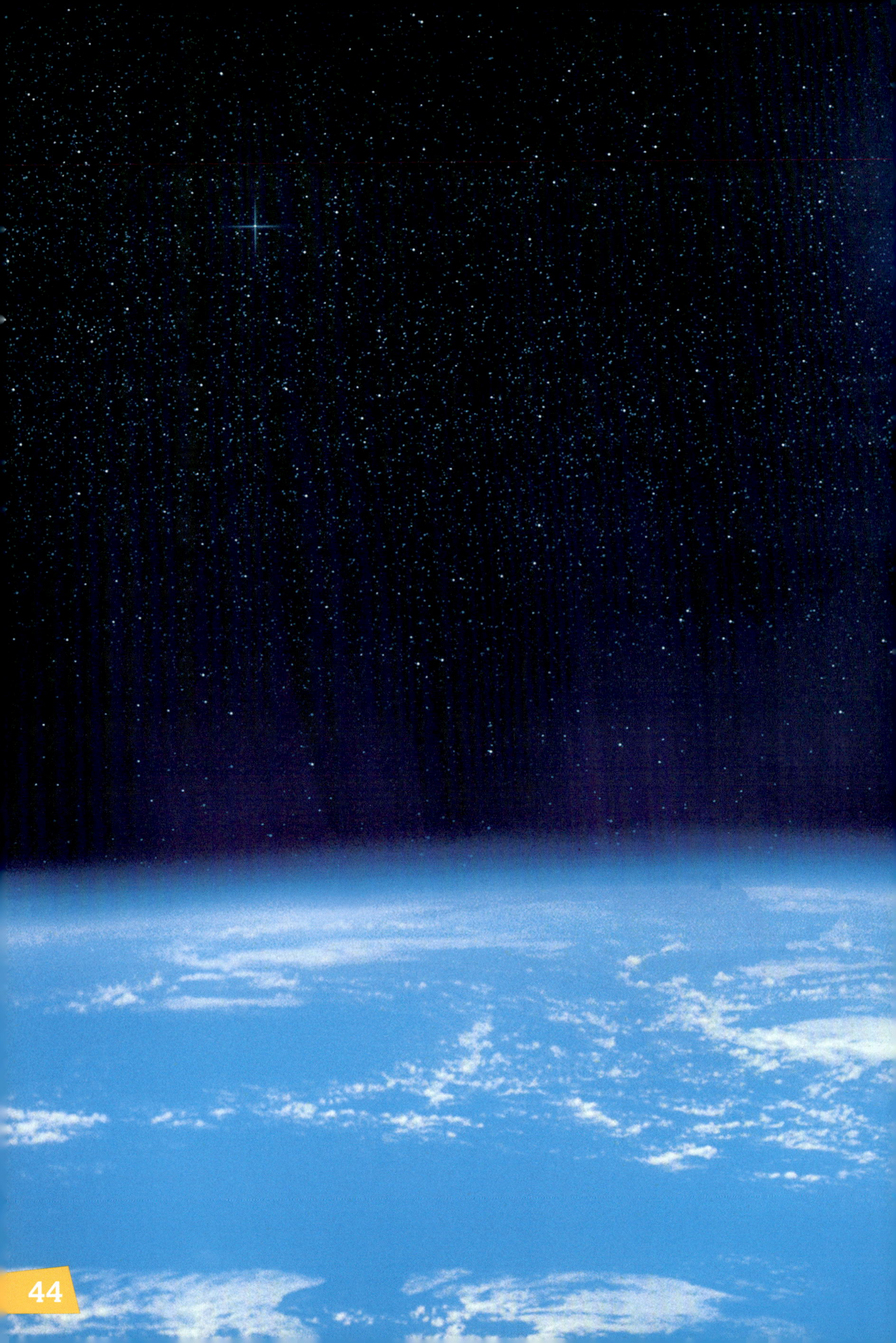

Die Weltraum-forscher

Forschen, schauen, hören

Schon die alten Ägypter und Griechen
beobachteten die Sterne am Himmel.
Das war vor über 2 000 Jahren.
Sie hatten nur einfache Fernrohre
und zeichneten auf, was sie sahen.
So entstanden die ersten Sternkarten.

Heute benutzen wir Teleskope,
um in den Weltraum zu schauen.
In einer Sternwarte gibt es
zum Beispiel große Spiegelteleskope.
Damit kann man weit entfernte Sterne
und Planeten beobachten.

Radioteleskop

Radioteleskope
fangen Strahlen
aus dem Weltall ein.
So erfahren wir viel
über sterbende oder
neugeborene Sterne.

Spiegelteleskop

Mit solch großen Spiegelteleskopen kann man in vielen Sternwarten den Sternenhimmel beobachten.

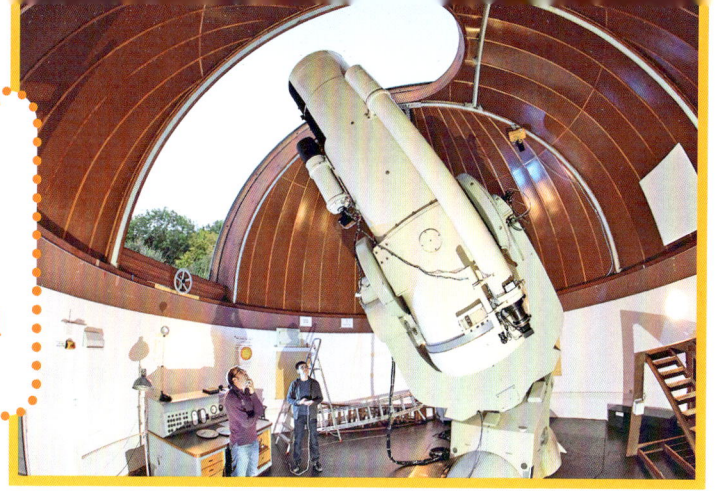

Wir fliegen einfach hin

Die Planeten unseres Sonnensystems liegen zu weit von der Erde entfernt. Mit einem Raumschiff können Menschen sie deshalb nicht erreichen.

Daher schicken Forscher seit vielen Jahren Raumsonden ins Weltall. Sie werden von Computern gesteuert. Die Raumsonde Cassini erreichte erst nach sieben Jahren den Saturn. Für einen Astronauten würde das viel zu lange dauern.

Raumsonde Cassini

Die Sonden können außerdem auch zu Planeten fliegen, auf denen Menschen nicht überleben könnten.

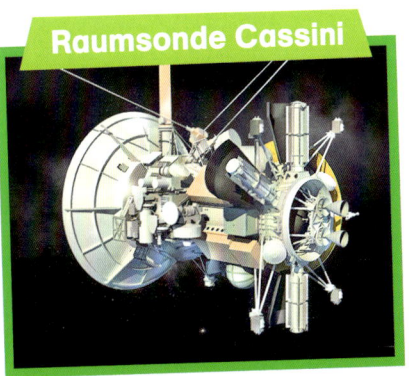

Jeder zukünftige Astronaut muss viel über den Weltraum und über die Raumfahrt lernen.

Da muss man aufpassen, dass einem nicht schlecht wird.

Auf ins Weltall!

Hast du dich schon einmal gefragt, wie man eigentlich Astronaut wird? Das ist gar nicht so einfach!

Jeder Bewerber muss zuerst einen anderen Beruf erlernen. Man kann zum Beispiel Physik oder Biologie studieren oder Luft- und Raumfahrttechnik.

Danach wird man zum Astronauten ausgebildet. In Europa geschieht das bei der ESA. Das ist die europäische Weltraumbehörde.

Schwindelfrei oder nicht?

Die Arbeit im Weltraum ist anstrengend.
Deshalb müssen Astronauten sehr fit sein.

Vor allem auf die Schwerelosigkeit
müssen sie sich gut vorbereiten.
Und das geht so:
Ein Flugzeug steigt und sinkt immer wieder.
Dadurch entsteht im Inneren
für ungefähr 20 Sekunden Schwerelosigkeit.
Dieses Training nennt man Parabelflug.

Unter Wasser üben die Astronauten
für ihren Einsatz im Raumanzug,
zum Beispiel bei Reparaturen.
Denn im Wasser sind die Astronauten
ebenfalls schwerelos – ähnlich wie im Weltall.

Training unter Wasser

Parabelflug

Die Rakete startet

Eine Rakete ins Weltall zu bringen,
ist gar nicht so leicht.
Zuerst muss die Schwerkraft der Erde
überwunden werden.
Du kennst das, wenn du in die Luft hüpfst.
Die Schwerkraft holt dich immer wieder
auf den Boden zurück.

Damit es eine Rakete bis ins Weltall schafft,
muss sie ganz schön schnell sein:
40 000 Kilometer pro Stunde!

3 – 2 – 1 – 0:
Die europäische
Rakete Ariane 5
startet ins Weltall.

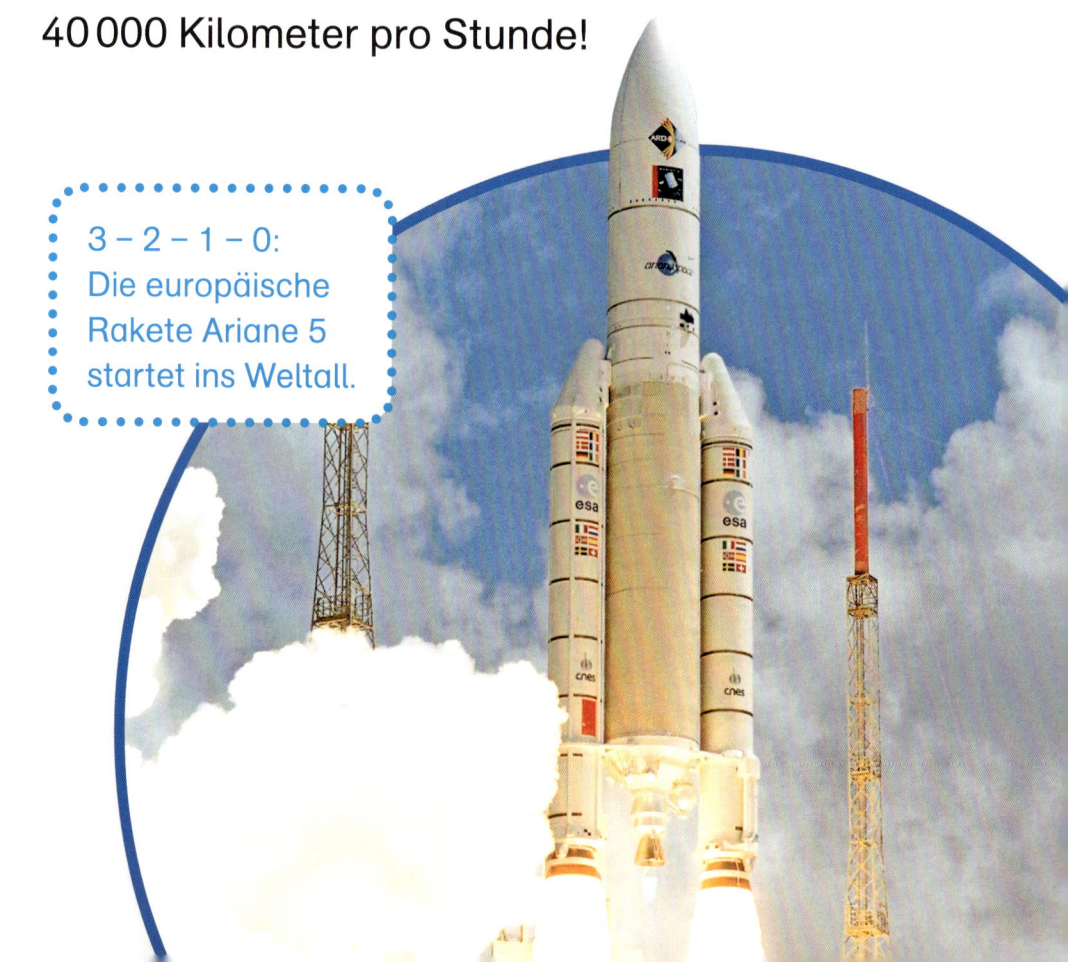

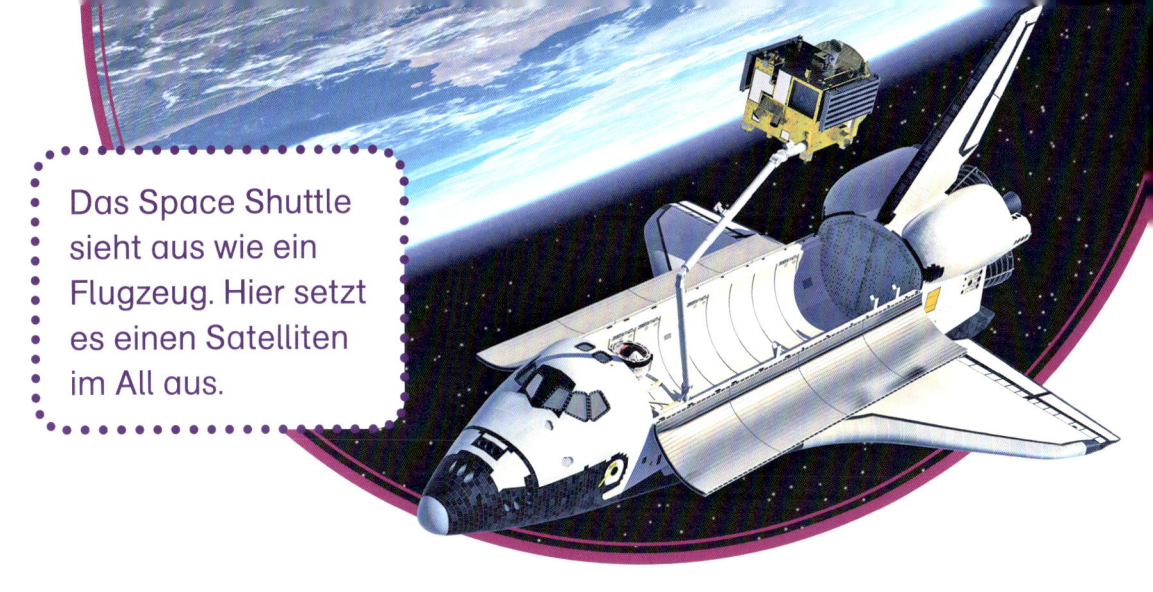

Das Space Shuttle sieht aus wie ein Flugzeug. Hier setzt es einen Satelliten im All aus.

Eine für alles

Raketen bringen unterschiedliche Dinge für die Forschung ins All. Das sind zum Beispiel Raumsonden und Satelliten oder Fahrzeuge, die auf anderen Planeten Proben sammeln sollen. Auch Astronauten können mit Raketen in den Weltraum fliegen.

Hast du gewusst ...

... dass eine Raumfähre wieder zur Erde zurückkehrt? Das sogenannte Space Shuttle wurde in Amerika erfunden. Nachdem es Astronauten und Fracht im All abgesetzt hatte, flog es zur Erde zurück. Raketen können nur einmal starten.

Wohnen und arbeiten im All: Das können Astronauten auf der Internationalen Raumstation (ISS).

Eine Wohnung im Weltall

Eine riesige Forschungsstation im All –
das ist die Internationale Raumstation,
kurz ISS genannt.

Die ISS besteht aus vielen Einzelteilen,
die nach und nach im Weltall
zu einer Station zusammengebaut wurden.
Dort gibt es Platz zum Schlafen, zum Essen,
für Sport und vor allem zum Arbeiten.

Astronauten aus verschiedenen Ländern
wohnen und forschen hier gemeinsam
für eine bestimmte Zeit.
Schon auf der Erde üben sie jeden Handgriff,
den sie später im Weltall können müssen.

Alles schwebt

Alles schwebt und fliegt in der Raumstation.
Auch die Astronauten selbst.
Die Schwerelosigkeit macht viele Dinge
schwieriger als auf der Erde.
Beim Schlafen und beim Sport müssen
sich die Astronauten sogar anschnallen.
Das Essen ist in Plastikbeuteln verschlossen.
Die herumfliegenden Krümel könnten sonst
die Geräte beschädigen.

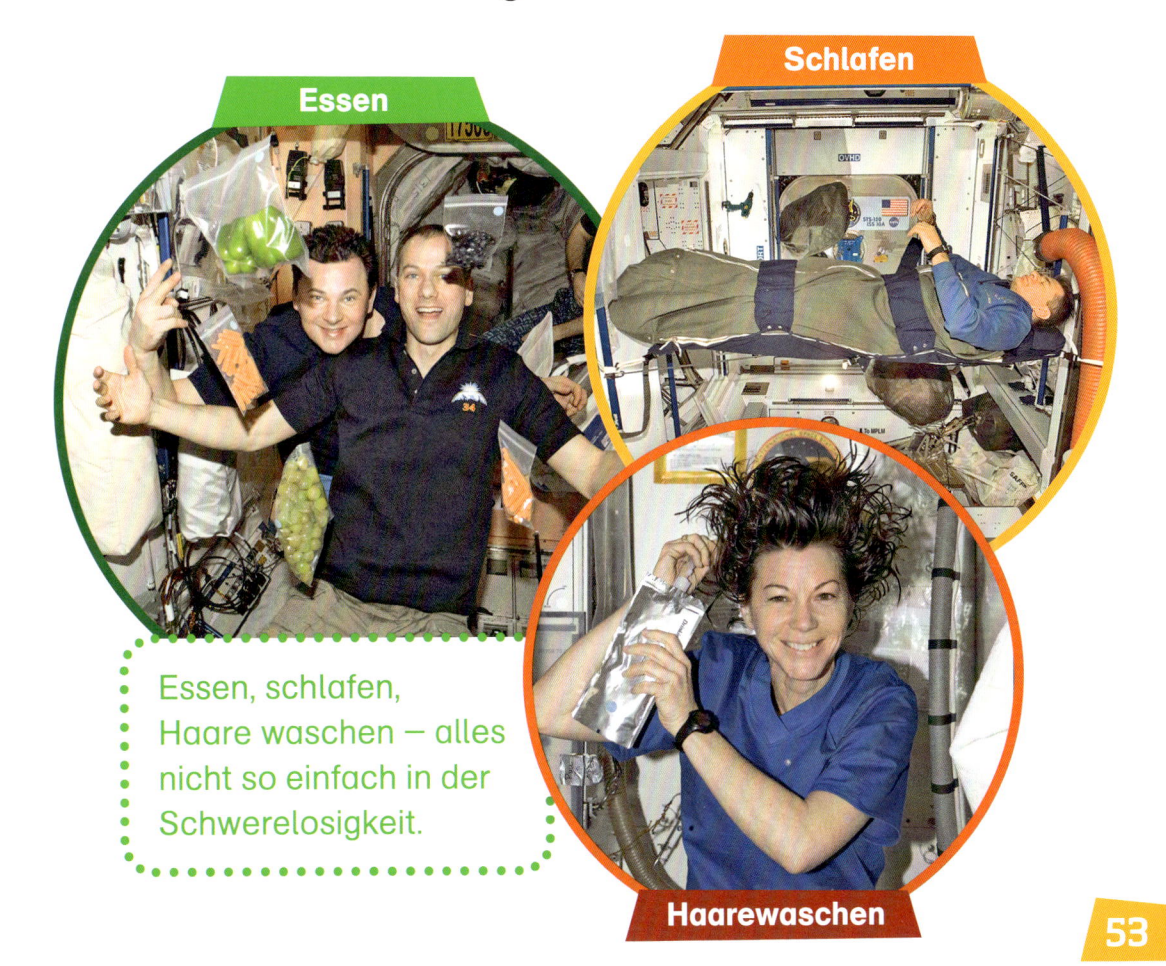

Essen

Schlafen

Essen, schlafen, Haare waschen – alles nicht so einfach in der Schwerelosigkeit.

Haarewaschen

Experimente im Weltraum

Im Weltraum funktioniert vieles
ganz anders als auf der Erde.
Deshalb untersuchen die Astronauten
in ihrem Labor ganz alltägliche Dinge.

Klar: Auf der Erde wachsen die Wurzeln
der Pflanzen in den Boden
und die Blätter und Blüten nach oben.
Aber wie wächst eine Pflanze im Weltall,
wo es keine Schwerkraft gibt?

Das zum Beispiel wird auf der ISS erforscht.
Denn mit diesem Wissen
könnten Astronauten selbst
Obst und Gemüse im Raumschiff züchten.

Wie wachsen Pflanzen im Weltraum? Forscher untersuchen das genau.

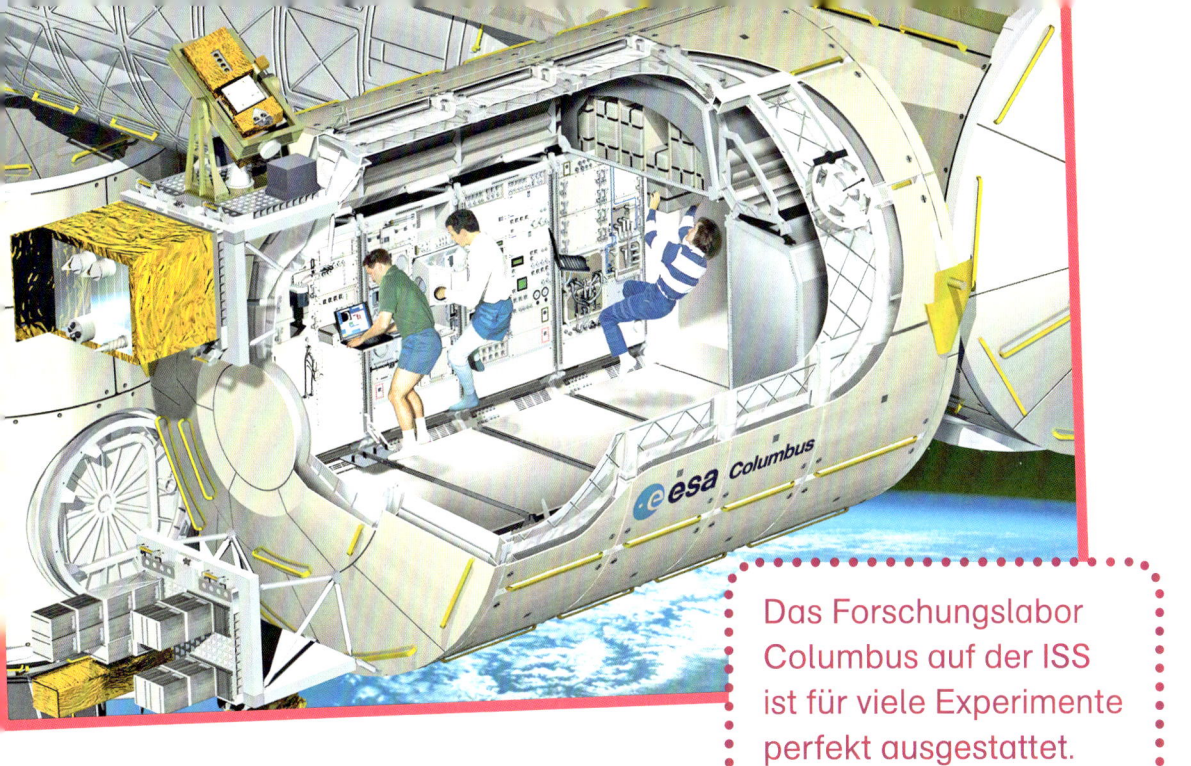

Das Forschungslabor Columbus auf der ISS ist für viele Experimente perfekt ausgestattet.

Brennen und mischen

Die Astronauten verbessern auch Dinge,
die es auf der Erde schon gibt.
Sie schmelzen zum Beispiel
verschiedene Metalle und vermischen sie.
Das neu entstandene Material ist sehr stabil.

Auf der Erde werden auch
Metalle geschmolzen und vermischt.
Aber das Material ist nicht so stabil
wie das aus dem Weltraum.
Mit dem neuen Wissen kann man versuchen,
die Herstellung von Metall
auf der Erde zu verbessern.

Ha, auf dem Mars war ich schon längst. Viel zu staubig da!

Einmal Mars und zurück

Bisher haben Menschen
nur den Mond betreten.
Der Mars könnte aber das nächste Ziel sein.
Denn von der Erde aus gesehen
ist er der Planet, der uns am nächsten ist.

Die Reise zum Mars und zurück
würde etwa zwei Jahre dauern.
Für diese lange Zeit müssten die Astronauten
genügend Nahrung, Wasser
und Sauerstoff mitnehmen.

Außerdem müssten die Astronauten
mehr als zwei weitere Jahre
auf dem Mars bleiben.
Denn die Rückreise ist nur möglich,
wenn Mars und Erde sich am nächsten sind:
alle 26 Monate.

So könnte in der Zukunft eine Siedlung auf dem Mars aussehen.

Gewächshaus

Wohnen auf dem Mars

Bis jetzt können Menschen
auf dem Mars nicht überleben.
Es muss noch viel geforscht werden.
Und viele Probleme müssten gelöst werden.

Wo kommt der Sauerstoff zum Atmen her?
Wie kann man sich vor der gefährlichen
Strahlung und den Meteoriten schützen?
Und wie bekommen die Menschen
genug zu essen?

Eine Expedition zum Mars –
das klingt sehr spannend!
Doch ob sie jemals Wirklichkeit wird,
weiß niemand.

Sag mal, Edi ...

... gibt es außer dir noch andere Außerirdische?

> Ich erzähle euch jetzt mal was:
> Seit 329 Jahren sause ich durch das All.
> Doch außer den Lebewesen auf der Erde
> sind mir noch keine anderen begegnet.
> Aber man weiß ja nie!

Aber Außerirdische wären dir doch sicher aufgefallen, oder?

> Nicht unbedingt!
> Viele Menschen stellen sich Außerirdische
> als kleine, grüne Männchen vor – so wie ich!
> Aber es könnten ja auch andere,
> winzig kleine Lebewesen sein.

Und welche Lebewesen könnten das sein?

Zum Beispiel winzig kleine Pflanzen oder Bakterien.
Auch auf der Erde gab es ja nicht sofort Menschen.
Die haben sich erst in vielen Millionen Jahren entwickelt.

Hast du schon solche Mini-Lebewesen entdeckt?

Nein. Manche Wissenschaftler glauben jedoch, dass es auf Planeten, die der Erde ähnlich sind, Leben geben könnte.
Also dort, wo es Wasser und eine Atmosphäre gibt.
Und wo es nicht zu heiß oder zu kalt ist.
Aber das Weltall ist so groß —
da dauert das Forschen schon etwas länger.
Ich halte jedenfalls die Augen für euch offen!

Danke Edi! Und gute Reise!

Bist du ein echter Weltall-Kenner? Dann ran ans große Lesequiz!

Edis großes Lesequiz

1 Was ist das Besondere an Sternen?

a) Sie brennen.

b) Nichts.

c) Sie sind aus Stein.

2 Welcher ist der größte Planet in unserem Sonnensystem?

a) Pluto

b) Jupiter

c) Saturn

3 Wie nennt man die Himmelskörper, die für einen Planeten zu klein sind?

a) Winzlinge

b) Kleinplaneten

c) Zwergplaneten

Lösung: 1a), 2b), 3c)

4 **Welche Form hat die Milchstraße?**

a) Sie ist eine Spiralgalaxie.

b) Sie sieht aus wie ein Balken.

c) Sie ist eiförmig.

5 **Wodurch hat sich unser Sonnensystem geordnet?**

a) Forscher haben Raketen ins Weltall geschossen.

b) Die Schwerkraft der Sonne hat die Planeten angezogen und hält sie auf ihren Bahnen.

c) Die Planeten haben sich nach ihrer Temperatur geordnet.

6 **Welcher Planet hat eine gekippte Achse und rollt sozusagen um die Sonne?**

a) Urunas

b) Uranas

c) Uranus

Lösung: 4a), 5b), 6c)

7 **Aus welchen Materialien besteht ein Komet?**

a) Aus Staub und Schwefel.

b) Aus Staub und Eis.

c) Aus Kratergestein.

8 **Wie nennt man Gestein, das durch die Atmosphäre geflogen und auf der Erde aufgeschlagen ist?**

a) Komet

b) Planet

c) Meteorit

9 **Wie oft ist der Halleysche Komet zu sehen?**

a) Alle 7 Jahre.

b) Alle 76 Jahre.

c) Alle 176 Jahre.

Lösung: 7b), 8c), 9b)

10 Wie heißt dieser Planet?

a) Jupiter

b) Saturn

c) Uranus

11 Wie nennt man die Bahn, auf der sich ein Planet bewegt?

a) Kreisbahn

b) Umlaufbahn

c) Bahnstrecke

12 Warum leuchtet der Mars rot?

a) Weil er das gelbe Licht schluckt.

b) Weil seine Achse schief steht.

c) In seinem Gestein befindet sich Rost.

Lösung: 10b), 11b), 12c)

Bildquellennachweis

Archiv Tessloff: 29u; **ESA - European Space Agency:** 50u (CC BY-SA 3.0 IGO/ESA/CNES/Arianespace), 55o (PD/D. Ducros); **Flickr:** 44-45 (PD/NASA on The Commons); **picture alliance:** 47or (Universität Jena/FSU-Fotozentrum/dpa-Zentralbild); **Shutterstock:** 6-7 (Jurik Peter), 8u (Anton Jankovoy), 9mr (NASA images), 9or (AZSTARMAN), 10u (Atom rechts: Roman Sigaev), 10u (Planeten: Alhovik), 10u (Urknall: Sagittarius Production), 10u (Atom links: Vectorboost), 10u (Galaxie rechts: NASA images), 10u (Galaxie links: AZSTARMAN), 10u (Hintergrund Illu: Manu Joseph), 11o (Vadim Sadovski), 12m (NASA images), 14u (Elena Schweitzer), 15or (Planeten: Alhovik), 16ul (Triff), 16mr (Dotted Yeti), 17ol (Vadim Sadovski), 17ul (Linnas), 17mr (Pozdeyev Vitaly), 18mr (Belish), 20-21 (janez volmajer), 22o (Peter Hermes Furian), 24o (Hintergrund: alexkoral), 26u (NASA images), 27o (Hintergrund: PhumjaiFcNightsky), 28ol (Triff), 28mr (Andrew Mayovskyy), 28o (Hintergrund: underworld), 29u (Globus: vectorplus), 30ol (Hintergrund Illu: Manu Joseph), 32or (tsuneomp), 32or (Hintergrund: PhumjaiFcNightsky), 34ur (Vadim Sadovski), 35Hg. (Hintergrund: BLACKDAY), 36o (bluecrayola), 37ml (Hintergrund Illu: Manu Joseph), 38ur (Hintergrund Illu: Manu Joseph), 38ur (Tristan3D), 38ul (Vadim Sadovski), 39or (Vadim Sadovski), 40ul (eurobanks), 41or (Hintergrund: PhumjaiFcNightsky), 42u (Planeten: Alhovik), 46u (sumikophoto), 47ur (3000ad), 48o (Vadim Sadovski), 51o (3Dsculptor), 56ol (Dotted Yeti), 57mr (Flashinmirror), 57o (Pavel Chagochkin), 63or (bluecrayola), 63ul (Dotted Yeti); **Thinkstock:** 13ur (den-belitsky); **Wikipedia:** 9ur (PD/ESA/Hubble & NASA Image acknowledgement: Judy Schmidt and J. Blakeslee (Dominion Astrophysical Observatory). Science acknowledgement: M. Carollo (ETH, Schweiz)), 18ml (CC BY 4.0/European Southern Observatory (ESO)), 24or (PD/NASA/Johns Hopkins University Applied Physics Laboratory/Carnegie Institution of Washington), 25u (PD/NASA/Johns Hopkins University Applied Physics Laboratory/Carnegie Institution of Washington), 27o (PD/Courtesy NASA/JPL/http://photojournal.jpl.nasa.gov/catalog/pia00254), 30or (PD/NASA/http://www.hq.nasa.gov/office/pao/History/alsj/a11/AS11-44-6609.jpg), 30ol (PD/NASA), 31mr (PD/NASA/Buzz Aldrin), 31ml (PD/NASA/Neil A. Armstrong), 32ol (PD/NASA/JPL/Corby Waste), 33u (PD/NASA/http://www.nasa.gov/centers/jpl/missions/mer.html), 34ul (PD/NASA/https://science.nasa.gov/toolkits/spacecraft-icons), 35 (PD/NASA/JPL/DLR - NASA planetary photojournal, borders removed by Daniel Arnold NASA planetary photojournal, PIA00600), 37ml (PD/NASA), 41or (PD/NASA/Johns Hopkins University Applied Physics Laboratory/Southwest Research Institute), 49ul (PD/NASA/http://www.nasa.gov/mission_pages/hubble/servicing/series/hst_divers.html), 49ur (PD/Pdiamandis at English Wikipedia), 52o (PD/NASA/http://spaceflight.nasa.gov/gallery/images/shuttle/sts-133/html/s133e010447.html), 53ur (PD/NASA/http://spaceflight.nasa.gov/gallery/images/station/crew-26/html/iss026e022697.html), 53ml (PD/NASA - http://spaceflight.nasa.gov/gallery/images/station/crew-34/html/iss034e062059.html), 53mr (PD/NASA/http://spaceflight.nasa.gov/gallery/images/shuttle/sts-120/html/iss016e008792.html), 54ml (PD/NASA/http://spaceflight.nasa.gov/gallery/images/station/crew-37/html/iss037e020111.html), 54u (PD/NASA/http://www.nasa.gov/mission_pages/station/research/news/meals_ready_to_eat), 62ur (CC BY 4.0/European Southern Observatory - ESO))
Umschlagfotos: Shutterstock: U1 (janez volmajer), U4 (3Dsculptor)

Text: Christina Braun
Lektorat: Sonja Meierjürgen
Illustrationen: Marie Gerstner
Bildredaktion: Susanne Wiechert
Gestaltung: Simone Först
Umschlaggestaltung: Antonia Griebel

Copyright © 2018 TESSLOFF VERLAG,
Burgschmietstraße 2–4, 90419 Nürnberg
www.tessloff.com

Die Verbreitung dieses Buches oder von Teilen daraus durch Film, Funk oder Fernsehen, der Nachdruck, die fotomechanische Wiedergabe sowie die Einspeicherung in elektronische Systeme sind nur mit Genehmigung des Tessloff Verlages gestattet.

ISBN 978-3-7886-2639-6